BEI GRIN MACHT SICH IHR WISSEN BEZAHLT

- Wir veröffentlichen Ihre Hausarbeit, Bachelor- und Masterarbeit

- Ihr eigenes eBook und Buch - weltweit in allen wichtigen Shops

- Verdienen Sie an jedem Verkauf

Jetzt bei www.GRIN.com hochladen und kostenlos publizieren

Bibliografische Information der Deutschen Nationalbibliothek:

Die Deutsche Bibliothek verzeichnet diese Publikation in der Deutschen Nationalbibliografie; detaillierte bibliografische Daten sind im Internet über http://dnb.d-nb.de/ abrufbar.

Dieses Werk sowie alle darin enthaltenen einzelnen Beiträge und Abbildungen sind urheberrechtlich geschützt. Jede Verwertung, die nicht ausdrücklich vom Urheberrechtsschutz zugelassen ist, bedarf der vorherigen Zustimmung des Verlages. Das gilt insbesondere für Vervielfältigungen, Bearbeitungen, Übersetzungen, Mikroverfilmungen, Auswertungen durch Datenbanken und für die Einspeicherung und Verarbeitung in elektronische Systeme. Alle Rechte, auch die des auszugsweisen Nachdrucks, der fotomechanischen Wiedergabe (einschließlich Mikrokopie) sowie der Auswertung durch Datenbanken oder ähnliche Einrichtungen, vorbehalten.

Impressum:

Copyright © 2016 GRIN Verlag
Druck und Bindung: Books on Demand GmbH, Norderstedt Germany
ISBN: 9783668846098

Dieses Buch bei GRIN:

https://www.grin.com/document/450212

Adeline Halbing

Die Zusammenarbeit von pädagogischen Fachkräften und Eltern im Feld der frühkindlichen Bildung, Betreuung und Erziehung

GRIN Verlag

GRIN - Your knowledge has value

Der GRIN Verlag publiziert seit 1998 wissenschaftliche Arbeiten von Studenten, Hochschullehrern und anderen Akademikern als eBook und gedrucktes Buch. Die Verlagswebsite www.grin.com ist die ideale Plattform zur Veröffentlichung von Hausarbeiten, Abschlussarbeiten, wissenschaftlichen Aufsätzen, Dissertationen und Fachbüchern.

Besuchen Sie uns im Internet:

http://www.grin.com/

http://www.facebook.com/grincom

http://www.twitter.com/grin_com

Inhaltsverzeichnis

1. Einleitung..2
2. Rezension zu: „Die Zusammenarbeit von pädagogischen Fachkräften und Eltern im Feld der frühkindlichen Bildung, Betreuung und Erziehung".......................3
    2.1 Inhalt..3
    2.2 Diskussion..3
    2.3 Fazit...4
3. Rezension zu: „Befragungsergebnisse zur Elternarbeit".............................5
    3.1 Inhalt..5
    3.2 Diskussion..6
    3.3 Fazit...6
4. Rezension zu: „Bildungs- und Erziehungsempfehlungen für Kindertagesstätten in Rheinland-Pfalz. Begleitstudie. Elternbefragung. Zusatzauswertung der Eltern-Kommentare"....7
    4.1 Inhalt..7
    4.2 Diskussion..8
    4.3. Fazit..9
5. Rezension zu: „Wie informieren sich bayrische Eltern über erziehungs- und familienbezogene Themen? Ergebnisse der ifb-Elternbefragung zur Familienbildung 2006".......9
    5.1 Inhalt..9
    5.2 Diskussion..10
    5.3 Fazit...11
6. Resümee..12
7. Quellenverzeichnis..14

1. Einleitung

Die Zusammenarbeit zwischen Eltern und Kindertageseinrichtungen spielt gerade in der heutigen Zeit eine substanzielle Rolle und wird vielfach diskutiert. Elternarbeit, sowie Elternbildung findet sich sowohl in Kindertageseinrichtungen, Schulen als auch in freien Trägern der sozialen Arbeit wider. Dabei ist das Stichwort der Elternarbeit sowohl in den Gesetzen der sozialen Einrichtungen, als auch in den Bildungsplänen fest verankert. Im Grunde beschreibt diese Art der Arbeit eine Erziehungs- beziehungsweise Bildungspartnerschaft (vgl. Textor, 2013, S.8) zwischen den Erziehern und den Eltern, „mit dem Ziel einer Abstimmung und wechselseitigen Unterstützung der Erziehungs- und Bildungsangebote" (Schaub & Zenke, 2000, S.168). Dazu gehören unter anderem die Mitbestimmung der Eltern, Elterninformationen bei besonderen Unternehmungen oder Anlässen, Elternsprechstunden, Elternbesuche, sowie Hausbesuche, als auch die Zusammenarbeit mit den Eltern in Krisensituationen und bei Konflikten (vgl. Schaub & Zenke, 2000, S.168).

Durch die genannten Konflikte und Krisensituationen kann Unsicherheit entstehen und es treten Fragen zum Thema Bildung und Erziehung auf, und somit rückt die Bezeichnung der Eltern- beziehungsweise Familienbildung in den Vordergrund. „Der Begriff Elternbildung ist sehr umfassend und beinhaltet Bildungsangebote, die für Eltern konzipiert werden, sowie die Notwendigkeit der Aneignung von Themen durch die Adressaten selbst, also die Eltern der Kinder, die die jeweilige Einrichtung besuchen (König & Sommer-Himmel, 2012, S.51). Dies bedeutet demnach, dass die Angebote so ausgearbeitet und begreiflich gemacht werden müssen, dass die Eltern diese zum einen wahrnehmen können und zum anderen auch möchten. Daher ist es von enormer Wichtigkeit, die eigentlichen Bildungsbedürfnisse der Erwachsenen zu erfragen, wie es in einigen Studien der Fall ist, und diese natürlich auch ernst zu nehmen (vgl. König & Sommer-Himmel, 2012, S.51).

Jedoch tauchen in der ein oder anderen Thematik auch oftmals Probleme auf. So fühlen sich beispielsweise die Erzieher überfordert oder unsicher, welches sie als Unzufriedenheit darstellen. Die Eltern dagegen haben oft zu hohe Ansprüche und Wünsche, welche aus den unterschiedlichsten Gründen nicht erfüllt werden können, womit sich auch auf deren Seite eine Unzufriedenheit verzeichnen lässt. Einige Studien haben sich genau mit diesen und anderen Themen rund um die Elternarbeit und Elternbildung auseinandergesetzt und ihre Ergebnisse dargelegt.

Im weiteren Verlauf werden daher Studien von Martin R. Textor, Dr. Sabine Lang, sowie von Dr. Tanja Mühling und Dr. Adelheid Smolka veranschaulicht und kritisiert. Dabei sollen jedoch nicht nur die inhaltlichen Aspekte wiedergegeben, sondern auch Thesen und Kritische Aspekte untersucht, sowie eventuelle Lösungsansätze im Resümee gefunden werden.

2. Rezension zu: „Die Zusammenarbeit von pädagogischen Fachkräften und Eltern im Feld der frühkindlichen Bildung, Betreuung und Erziehung"
Fröhlich-Gildhoff, Klaus (2013)
Bildungsforschung 10 (1), S. 11-25

2.1 Inhalt

Das Thema der Zusammenarbeit zwischen den Fachkräften und den Eltern ist in den aktuellen Erziehungs- und Bildungskonzeptionen der Kindertageseinrichtungen zu einem bedeutenden Gegenstand geworden, wobei Bildung und Entwicklung wohl nur von statten gehen kann, wenn eine partnerschaftliche Zusammenarbeit zu Grunde liegt. Die vorliegende Studie von Klaus Fröhlich-Gildhoff befasst sich genau mit dieser Aussage. Des weiteren werden auch Elemente wie die Bedeutung der Zusammenarbeit, sowie grundsätzliches zur Zusammenarbeit mit Eltern und zur Erziehungspartnerschaft angesprochen. Nachdem die Studienlage genauer erläutert wird, folgen Ergebnisse und Erkenntnisse für das Gelingen einer Zusammenarbeit, für die unterschiedlichen Formen einer Zusammenarbeit bezogen auf die Bedarfsanalyse der jeweiligen Zielgruppe, für die Rolle der Rahmenbedingungen, sowie für die Handlungsempfehlungen für eine Zusammenarbeit mit den Eltern als auch für die Konsequenzen einer Zusammenarbeit und die Auswirkung auf die Qualifikation des pädagogischen Personals.

2.2 Diskussion

Die beschriebene Veröffentlichung gibt einen guten ersten Einblick in die Zusammenarbeit mit Eltern und pädagogischen Fachkräften in einer Kindertageseinrichtung. Dabei sind die Abschnitte sinnvoll und aufeinander aufbauend gegliedert, wodurch sich die Resultate und Ergebnisse der Studie gut nachvollziehen lassen. Des weiteren werden auch genau die Themengebiete untersucht, welche aktuell in der Forschung diskutiert werden, wie beispielsweise die Haltung der Erzieher zu den Eltern und umgedreht, und welche Auswirkung diese Haltung auf das Gelingen einer Zusammenarbeit hat. Auch welche Formen der Zusammenarbeit in einer Kindertageseinrichtung vorherrschend existieren und deren Bedeutung werden in dieser Arbeit ausreichend analysiert. Das positive dabei ist, das auch hier eine klare Struktur vorzufinden ist. Dabei werden zuerst die hauptsächlichen und am meisten genutzten Formen, wie beispielsweise Tür- und Angelgespräche, Entwicklungsgespräche und Elterngespräche (vgl. Fröhlich-Gildhoff, 2013, S.17) beschrieben, bevor auf die weniger ausgeführten Formen der Zusammenarbeit, wie Elternstammtische oder Elterncafes eingegangen wird. Eine klare Strukturierung, sowie meines Erachtens eine gute Thematik findet sich auch fortlaufend im Bezug auf die Mindest-Standards wieder. Dieses könnte als eine Art des Resultats dieser Studie gesehen werden und verdeutlicht durch die Aufzählung der Handlungsempfehlungen sehr gut, wie eine Zusammenarbeit erfolgreich funktionieren kann.

Trotz einer guten Strukturierung, sowie einer nachvollziehbaren Beschreibung der einzelnen Themengebiete ist zu kritisieren, dass bei dem Punkt drei, wo es um die Beschreibung der Studienlage geht, nähere Informationen zu den Eltern, als auch zu den pädagogischen Fachkräften oder zu den einzelnen Kindertageseinrichtungen fehlen. Es wird zwar angegeben, auf welche Studien sich die Auswertung bezieht und wie viele Eltern und Fachkräfte befragt und untersucht wurden, dennoch ist bei der Beschreibung nicht nachvollziehbar, welche Zusammenhänge sich diesbezüglich dahinter befinden, das heißt, es wird beispielsweise nicht erläutert, welche Ausbildung die pädagogischen Fachkräfte haben, wie alt, welches Geschlecht, oder welchen Migrationshintergrund die Eltern haben oder wo sich genau die Kindertageseinrichtungen befinden. Natürlich besteht der Verdacht, dass diese fehlenden Informationen in den genannten Studien bei der Beschreibung der Studienlage vorliegt, aber dennoch sind dieses wichtige Kriterien, für eine genaue Untersuchung hinsichtlich der Zusammenarbeit zwischen Eltern und pädagogischen Fachkräften. Aus diesem Grund sollte diese Darlegung der Ergebnisse eher als eine allgemeine Einführung in die große Thematik der Zusammenarbeit zwischen Eltern und Fachkräften in einer Kindertageseinrichtung gesehen werden.

2.3 Fazit

Die Studie, beziehungsweise die Ergebnisdarlegung von Klaus Fröhlich-Gildhoff zum Thema „Die Zusammenarbeit von pädagogischen Fachkräften und Eltern im Feld der frühkindlichen Bildung, Betreuung und Erziehung" ist eine gute Darstellung für einen ersten Einblick in die Thematik. Die Leser können sich diesbezüglich einen ersten Eindruck verschaffen, ohne großartige Vorkenntnisse aufweisen zu müssen, da diese Arbeit übersichtlich aufgebaut und die Ergebnisse leicht verständlich dargelegt werden. Aus diesem Grund ist diese Veröffentlichung als Einstieg in die Materie nur zu empfehlen.

3. Rezension zu: „Befragungsergebnisse zur Elternarbeit"

Textor, Martin R. (1998)
In Klaus Schüttler-Janikulla (Hrsg.) Handbuch für Erzieher/innen in Krippe, Kindergarten, Vorschule und Hort. München: mvg-Verlag.

3.1 Inhalt

Die vorliegende Arbeit von Martin R. Textor ist an acht verschiedenen Studien geknüpft und stellt anhand von diesen Befragungsergebnissen dar, welche Ziele pädagogische Fachkräfte bezüglich der Elternarbeit verfolgen, welche Beziehungen zu den Eltern bestehen und wie sie diese wahrnehmen und welche Vorkehrungen sie hinsichtlich der Elternarbeit bevorzugen. Des weiteren wird analysiert, welche Wünsche und Erwartungen die Eltern bezogen auf die Elternarbeit haben, ob und wie sie sich im Kindergarten arrangieren würden wollen, wie sie die Angebotsvielfalt empfinden und ob sie mit dieser zufrieden sind und wie sie ihre Beziehung zu den Fachkräften wahrnehmen (vgl. Textor, 1998, S. 1).

Nachdem einige einleitende Sätze zu der Thematik formuliert werden, kommt es zu einer tabellarischen Darstellung der verschiedenen Studien, auf die sich diese Arbeit bezieht. Der erste Abschnitt umfasst die Erzieher- und Erzieherinnenbefragungen. Diese Befragungen befassen sich, wie im Vorfeld schon erwähnt, mit unterschiedlichen Themen, wie beispielsweise welche Kriterien für die Qualität der pädagogischen Arbeit besonders wichtig seien, oder welche Fortbildungsthemen in den Kindertageseinrichtungen für bedeutungsvoll empfunden werden (vgl. Textor, 1998, S.3). Dabei spielen die Bundesländer Bayern, Brandenburg und Nordrhein-Westfalen eine entscheidende Rolle. Des weiteren erfolgen auch Befragungen hinsichtlich der Zielen und der Inhalte der Elternarbeit (vgl. Textor, 1998, S.4).

Nach der Beschreibung hinsichtlich der Beziehung zu den Eltern und einer weiteren tabellarischen Darstellung werden nun die Ergebnisse der Elternbefragung zusammengefasst. Die einzelnen Themengebiete beziehen sich dabei unter anderem auf die Erwartungen der Eltern an die Elternarbeit, auf die Bereitschaft zur Mitarbeit, auf die Nutzung der Angebote, auf die Zufriedenheit der Angebote als auch auf die Beziehungen zu den Erziehern.

3.2 Diskussion

Die Veröffentlichung von Martin R. Textor umfasst auf 20 Seiten einen sehr guten Überblick hinsichtlich der Elternarbeit in der Kita. Positiv zu bemerken sei dabei, dass viele verschiedene Aspekte angesprochen und analysiert werden, welche aktuell aus den verschiedensten Gründen von den verschiedensten Personen thematisiert werden. Auch hierbei ist auf eine gute und klare Strukturierung hinzuweisen, welche den Leser sachkundig durch die Thematik führt. Weiterhin ist die tabellarischen Darstellungen als attraktiv zu bewerten, da sie dem Leser bei dem Verstehen einzelner Aspekte hilft und die Thematik der Elternarbeit und der Befragung, sowie der Auswertung übersichtlich darstellt. Außerdem ist auch zu bemerken, dass diese Veröffentlichung Hintergründe der Befragungen offenlegt. So ist zum Beispiel nachvollziehbar, wo die Befragungen stattfanden, wie viele Mütter und wie viele Väter sich unter den Befragten befanden und wie sich die einzelnen pädagogischen Fachkräfte zusammensetzen. Allerdings sucht man in dieser Arbeit auch vergebens nach genaueren Informationen hinsichtlich des Bildungsabschlusses der befragten Elternteile, als auch zu den Migrationshintergründen oder zu den Lebensformen, wie beispielsweise zu den persönlichen Verhältnissen. Dadurch lässt sich nicht nachvollziehen, auf welchen Tatsachen bezüglich der Befragten die Analyse aufgebaut ist und welche Rolle diese Hintergrundinformationen hinsichtlich der Ergebnisse spielen.

3.3 Fazit

Die Veröffentlichung von Martin R. Textor stellt, obwohl sie aus dem Jahre 1998 ist, eine gute Anschauung hinsichtlich der Elternarbeit dar, wobei nicht nur eine einseitige Sicht der Dinge aufgeführt wird, sondern sowohl Erkenntnisse aus Sicht der Erzieher, als auch aus der Sicht der Eltern unterschiedlicher Regionen zu verschiedenen Problematiken erkundet werden. Der Leser wird dabei durch tabellarische Veranschaulichungen und durch eine klare Strukturierung fassbar durch die Thematik geführt.

4. Rezension zu: „Bildungs- und Erziehungsempfehlungen für Kindertagesstätten in Rheinland-Pfalz. Begleitstudie. Elternbefragung. Zusatzauswertung der Eltern-Kommentare."

Dr. Lang, Sabine

im Auftrag vom Ministerium für Bildung, Frauen und Jugend des Landes Rheinland-Pfalz

4.1 Inhalt

Um eine funktionierende Zusammenarbeit zwischen Eltern und Erziehern, beziehungsweise pädagogischen Fachkräften gewährleisten zu können, ist es äußerst wichtig, sich auch mit den Wünschen, Bedürfnissen und Erfahrungen der Eltern auseinanderzusetzen. Dr. Sabine Lang beschäftigt sich in ihrer Arbeit anhand einer Elternbefragung genau mit diesen Themen.

Die Elternbefragung fand in Form von einem Interview statt, in welchem insgesamt 241 Mütter und Väter befragt wurden (vgl. Lang, 2006, S. 5). Dabei handelt es sich jedoch nicht um Antworten auf spezielle Fragen, sondern um spontane Kommentare, die Seitens der Eltern erfolgten (vgl. Lang, 2006, S. 7). Nach einer kurzen Einführung, wobei der Hintergrund, die Zielsetzung und die Gesprächssituation dieser Veröffentlichung beschrieben werden, erfolgt eine Hinführung zu den Bildungs- und Erziehungsempfehlungen, kurz BEE, und zu den Kommentaren der Eltern darüber. Im Anschluss dazu werden weitere Kommentare zu den verschiedensten Themenkreisen, wie beispielsweise die Organisation, die Gruppierungen, die Personalsituation und die Zusammenarbeit in Bezug auf die Kindertageseinrichtung aufgezeigt, analysiert und bewertet. Nach dem dieses Themengebiet abgeschlossen ist, werden im darauffolgenden Kommentare der Eltern zu Erziehungszielen, Hoffnungen, Wünschen und Bedürfnissen wiedergegeben, wobei sich Themenfelder wie Lernen, Persönlichkeitsentwicklung, Natur, traditionelle Werte, Ausgleich von Defiziten und Integration, sowie Musisches differenzieren lassen. Auch dabei werden wieder die verschiedensten Kommentare dokumentiert und analysiert. Bevor es zu einem Fazit der Veröffentlichung kommt, erfolgt des weiteren eine Darlegung zu den Unterschieden zwischen den Elterngruppen, beispielsweise in Form der Geschlechter und die daraus resultierenden Ergebnisse. Im Anhang dieser Arbeit befindet sich ansonsten noch eine Generationsgeschichte, welche jedoch nur als relevant angesehen werden soll, für Leser mit weiterem Interesse.

4.2 Diskussion

Bei dieser vorliegenden Arbeit ist positiv anzumerken, dass es sich ausschließlich um eine Veröffentlichung handelt, welche sich mit den Wünschen, Erfahrungen und Bedürfnissen der Eltern auseinandersetzt. Das beachtliche dabei ist, dass sich durch die Ergebnisse darauf schließen lässt, wie und wodurch eine Kindertagesstätte und ihre pädagogische Fachkräfte den Eltern ein positives Gefühl, sowie Verständnis vermittelt werden können. Die daraus resultierende Zufriedenheit der Mütter und Väter könnte im weiteren Verlauf eine angenehme Zusammenarbeit in der Kita garantieren, beziehungsweise besteht die Möglichkeit darauf hinzuarbeiten. Des weiteren ist es interessant zu sehen, auf welche Themengebiete sich die Eltern spezialisieren. Dadurch lässt sich ein abwechslungsreiches und facettenreiches Bild zeichnen, welches dabei hilft, die Ansprüche und Wünsche der Eltern zu verstehen. Auch für die Weiterentwicklung einer Kindertagesstätte kann dies sehr hilfreich sein, welches sich auch in der Zielbeschreibung dieser Studie wiederfinden lässt (vgl. Lang, 2006, S. 3).

Doch nicht nur die vielfältigen Themengebiete dieser Arbeit fallen positiv auf, auch das Kapitel über die Unterschiede zwischen den Elterngruppen ist ein interessantes Themengebiet und zeigt die verschiedenen Gesichtspunkte der gegebenen Antworten auf.

Wer jedoch weniger an den Wünschen und Bedürfnissen der Eltern interessiert ist, und sich eher an den pädagogischen Fachkräften oder dergleichen orientieren möchte, findet in dieser Studie leider keine Antworten, unabhängig davon, an welchen Themen diesbezüglich genau das Interesse besteht. Auch geht es hierbei nicht um eine Arbeit, welche sich nur mit dem Themengebiet der Zusammenarbeit zwischen pädagogischen Fachkräften und Eltern beschäftigt, sondern vielmehr darum, die Wünsche der Mütter und Väter aufzuzeigen, um so eine Weiterentwicklung der Kindertageseinrichtung zu ermöglichen, welche wiederum Zufriedenheit der Eltern ermöglicht, um so zu einer angenehmen Zusammenarbeit zwischen den einzelnen Parteien zu gelangen.

4.3 Fazit

Um einen Einblick in die Vorstellungen der Mütter und Väter hinsichtlich der Kita zu erlangen, bietet dieser Beitrag von Dr. Sabine Lang eine interessante Anschauung. Dabei sind die abgehandelten Themengebiete sehr facettenreich und übersichtlich gestaltet und erfüllen somit den Zweck, Informationen darüber zu vermitteln, welche Wünsche und Bedürfnisse Eltern an die Kindertageseinrichtung haben, und wie sich diese weiter entwickeln könnte. Für Leser, welche sich genau dafür interessieren oder sich darauf spezialisieren möchten, ist dies ein guter Einstieg in die Thematik.

5. Rezension zu: „Wie informieren sich bayerische Eltern über erziehungs- und familienbezogene Themen? Ergebnisse der ifb-Elternbefragung zur Familienbildung 2006"

Dr. Mühling, Tanja & Dr. Smolka, Adelheid (2007)

Staasinstitut für Familienforschung an der Universität Bamberg

5.1 Inhalt

Nicht nur die Elternarbeit, sondern auch die Elternbildung ist ein wichtiger und aktueller Gegenstand in pädagogischen Institutionen, und somit auch in Kindertageseinrichtungen. „Der Begriff Elternbildung ist sehr umfassend und beinhaltet Bildungsangebote, die für Eltern konzipiert werden, sowie die Notwendigkeit der Aneignung von Themen durch die Adressaten selbst, also die Eltern der Kinder, die die jeweilige Einrichtung besuchen. Das heißt, Bildungsangebote müssen so konzipiert und verstanden sein, dass Eltern diese auch wahrnehmen können und möchten" (König & Sommer-Himmel, 2012, S.51).

Die Studie von Dr. Tanja Mühling und Dr. Adelheid Smolka befasst sich mit der Frage, wie sich bayrische Eltern über erziehungs- und familienbezogene Themen informieren. Nachdem der Hintergrund und die Zielsetzung, sowie das Methodische Vorgehen erläutert wird, folgt das Kapitel, in welchem sich die Eltern zu der Bedeutung von Erziehungszielen, Unsicherheiten in der Erziehung und zu Themenbereichen äußern, bei denen Beratung gewünscht wird. Daran anschließend erfolgt eine Analyse über die bevorzugten Anlaufstellen und Gesprächspartner, deren Häufigkeit und Nutzung, wobei sich neben dem Internet, verschiedener Fernsehsendungen oder Printmedien, auch institutionelle Angebote, bei der Suche nach erziehungs- und familienbezogene Themen, eine Rolle spielen. Auch die Gründe für eine Nichtinanspruchnahme der verschiedenen Angebote werden dabei diskutiert und näher betrachtet. Anschließend daran werden auch die unterschiedlichen Wünsche der Mütter so wie der Väter in Hinsicht auf die Zugangswege zu den Themenbereichen der institutionellen Familienbildung dargelegt, bevor es zu einer Zusammenfassung, sowie einer Schlussfolgerung kommt, wobei noch einmal bedeutende Fakten genannt und reflektiert werden.

5.2 Diskussion

Diese im Vorfeld inhaltlich beschriebene Veröffentlichung von Dr. Tanja Mühling und Dr. Adelheid Smolka ist eine sehr interessante Arbeit, welche dem Leser näher bringt, wie sich Eltern, in diesem Fall bayrische Eltern, über familien- und erziehungsbezogene Themen informieren. Was dabei positiv auffällt, und im Vergleich zu anderen Studien fehlt, sind dabei die zahlreichen Hintergrundinformationen bezüglich der Eltern. Die Arbeit gibt Aufschluss darüber, welchem Familientyp die Befragten angehören, wie viele Kinder sie haben, wie alt das jüngste Kind ist, oder wie hoch das monatliche Nettoeinkommen der Familie ist. Auch das Geschlecht, das Alter, die Nationalität, der berufliche Bildungsabschluss, sowie der Erwerbsstatus sind dabei relevant. Durch diese erfassten Merkmale ist es dem Leser möglich, bestimmte Schlussfolgerungen und Ergebnisse besser nachvollziehen zu können. Die Darstellung dessen, in einer Tabellenform, ist dabei ebenso hilfreich, von einer guten Strukturierung ganz zu schweigen. Doch nicht nur Tabellen, sondern auch eine beachtliche Zahl an Diagrammen lassen die Arbeit übersichtlich und gut verständlich erscheinen. Weiterhin ist lobend zu erwähnen, dass sich die Thematik der Familienbildung auf ein weites Spektrum ausweitet, was so viel bedeuten soll, dass inhaltlich eine große interessante und bedeutungsvolle Bandbreite dargelegt wird, wie beispielsweise der Zusammenhang der Familienbildung mit dem Internet, den Printmedien oder den verschiedenen bekannten Fernsehsendungen. Doch auch die Rolle der institutionellen Angebote kommt dabei nicht zu kurz, sowie die Wünsche und Bedürfnisse der Eltern. Als eines der Ziele dieser Arbeit wurde der Vergleich zu der Studie aus dem Jahr 2002 genannt, um mögliche Veränderungen der Themenspektren zu erfassen (vgl. Mühling & Smolka, 2007, S. 8). Dadurch kann angenommen werden, dass das Lesen und Erfassen dieser Studie aus dem Jahr 2002 Voraussetzung sei, um die Vorliegende zu verstehen und dem Ziel eines Vergleiches folgen zu können. Doch dies ist nicht unbedingt ein Erfordernis, da auch viele Zahlen und Fakten aus der Vorstudie genannt werden. Somit fällt das Verständnis dieser Veröffentlichung leichter und sollte daher auch positiv anerkannt werden.

Der einzige Kritikpunkt, welcher in Hinsicht auf diese Veröffentlichung zu erwähnen wäre, ist die Tatsache, dass es sich bei den Befragten nur um bayrische Eltern handelt. Es wäre interessant gewesen, hierbei einen Vergleich mit einem anderen Bundesland vorzufinden, vielleicht sogar mit einem ostdeutschen Bundesland. Daher ist es schwierig zu beurteilen, ob diese Studie als allgemein geltend angesehen werden kann, oder eben nicht.

5.3 *Fazit*

Diese qualitative Studie lässt in Hinblick auf das Facettenreichtum bezüglich der Familienbildung und der Frage danach, wie sich bayrische Eltern zu familienbezogene Themen informieren, kaum Wünsche offen. Es wird hierbei nicht nicht nur ein Themengebiet abgearbeitet, sondern gleich mehrere. Daher ist es eine wirklich interessante, übersichtliche und informationsreiche Arbeit und für Leser, welche sich genau für diese Thematik interessieren, ein guter Einblick. Jedoch sollte hierbei auch erwähnt werden, dass diese Studie eventuell als Einstieg nicht zu empfehlen wäre, da in dem ein oder anderem Punkt Vorkenntnisse hinsichtlich des Themengebietes zu empfehlen wären, wie beispielsweise zu verschiedenen Fachbegriffen.

6. Resümee

Aktuell werden Familienbildung, sowie Elternarbeit aus unterschiedlichen Perspektiven, von unterschiedlichen Akteuren und aus den unterschiedlichsten Gründen thematisiert, so wie es auch diese beschriebenen und diskutierten Untersuchungen und Veröffentlichungen zeigen. Von den wenig zahlreichen Studien zu diesen Sachverhalten werden auf verschiedene Art und Weise, zum Beispiel quantitativ oder qualitativ Ergebnisse erfasst und dargelegt. Auch die Umfänge dieser Veröffentlichungen weisen Abstufungen, beziehungsweise Ungleichheiten auf.

Jedoch, und für diese Rezension relevant, ist zu sehen, dass jede dieser Arbeiten auch Gemeinsamkeiten aufweisen, wie die Erkenntnis, dass Elternarbeit, sowie Elternbildung, sowohl für Mütter und Väter, als auch für pädagogische Fachkräfte von großer Bedeutung ist und somit natürlich auch erwünscht ist, auch wenn es bei dem ein oder anderen untersuchtem Element Abstufungen gibt. Des weiteren ist auffällig, dass sich die Wünsche und Bedürfnisse der Eltern bezüglich der Erziehungsziele sehr ähneln, welches sich anhand der Studie von Dr. Sabine Lang und der Veröffentlichung von Dr. Tanja Mühling und Dr. Adelheid Smolka zeigt. Auch die unterschiedlichen Formen einer Zusammenarbeit zwischen pädagogischen Fachkräften und Eltern, finden sich sowohl in der Studie von Klaus Fröhlich-Gildhoff, als auch in der von Martin R. Textor wieder, worauf sich wohl eine Verallgemeinerung schließen lässt.

Dies bedeutet demnach, dass trotz den verschiedenen Untersuchungsformen, trotz den unterschiedlichen Jahren, in denen die Untersuchungen stattfanden und trotz der Unabhängigkeit der Studien zueinander, Gemeinsamkeiten aufzuweisen sind.

Jedoch ist auch auffällig, dass es eine Mehrzahl von Abhandlungen darüber gibt, wie sich Eltern Familienbildung und Elternarbeit vorstellen, und weniger darüber, welche Wünsche und Vorstellungen das pädagogische Personal hat. Durch diese Feststellung, kann davon ausgegangen werden, dass die Wünsche und Bedürfnisse der Eltern, ausgehend von den Erziehungszielen bis hin zu den Vorstellungen an die Kindertageseinrichtungen mehr im Vordergrund stehen, als die der pädagogischen Fachkräfte. Doch da auch diese an den Anliegen der Eltern beteiligt und unmittelbar involviert sind, wäre es meiner Meinung nach von größter Wichtigkeit auch hier mehrere Untersuchungen anzulegen, damit ein angenehmes Verhältnis zwischen Mitarbeitern, beziehungsweise Fachkräften, der Kita und der Eltern geschaffen werden kann. Denn hier gibt es ebenfalls Probleme und Schwierigkeiten, wie beispielsweise Überforderung der pädagogischen Fachkräfte oder gewünschte, sowie fehlende Fortbildungen, an denen gearbeitet werden muss, denn ich glaube der Grundstein für eine gute Zusammenarbeit ist Zufriedenheit aller Seiten, und wenn dieses nicht gegeben ist, sind die

Kinder die leidtragenden.

7. Quellenverzeichnis

Fröhlich-Gildhoff, K. (2013): Die Zusammenarbeit von pädagogischen Fachkräften und Eltern im Feld der frühkindlichen Bildung, Betreuung und Erziehung. *Bildungsforschung, 10* (1), S.11-25.

König, J. & Sommer-Himmel, R. (2012): *Familienzentren. Entwicklungsperspektiven. Standards. Evaluationsergebnisse.* Berlin: Logos Verlag Berlin GmbH.

Lang, S. (2006): Bildungs- und Erziehungsempfehlungen für Kindertagesstätten in Rheinland-Pfalz. Begleitstudie. Elternbefragung. Zusatzauswertung der Elternkommentare. [WWW document]. URL http://www.kita.rlp.de/fileadmin/dateiablage/Bildungsempfehlungen/Wissenschaftliche_Begleitung/ Downloads/Abschlussbericht_Lang.pdf, zuletzt abgerufen am 01.09.2014.

Mühling, T. & Smolka, A. (2007): Wie informieren sich bayerische Eltern über erziehungs- und familienbezogene Themen?. [WWW document]. URL http://www.ifb.bayern.de/imperia/md/content/stmas/ifb/materialien/mat_2007_5.pdf, zuletzt abgerufen am 01.09.2014.

Schaub, H.& Zenke, K. G. (2000): *Wörterbuch Pädagogik.* 4. grundlegend überarb. und erw. Auflage. München: Deutscher Taschenbuch Verlag GmbH & Co KG.

Textor, M. R. (1998): Befragungsergebnisse zur Elternarbeit. In Klaus Schüttler-Janikulla (Hrsg.), *Handbuch für Erzieher/innen in Krippe, Kindergarten, Vorschule und Hort.* München: mvg-Verlag.

Textor, M. R. (2013): *Elternarbeit im Kindergarten. Ziele, Formen, Methoden.* 2. überarb. und erg. Auflage, Norderstedt: Books on Demand.

BEI GRIN MACHT SICH IHR WISSEN BEZAHLT

- Wir veröffentlichen Ihre Hausarbeit, Bachelor- und Masterarbeit

- Ihr eigenes eBook und Buch - weltweit in allen wichtigen Shops

- Verdienen Sie an jedem Verkauf

Jetzt bei www.GRIN.com hochladen und kostenlos publizieren